AF188994

Impressum
Verlag: BABADADA GmbH, Nedderfeld 112 , 22529 Hamburg
Geschäftsführer / Verlagsleitung: Harald Hof
Druck: Books on Demand GmbH, In de Tarpen 42, 22848 Norderstedt

Imprint
Publisher: BABADADA GmbH, Nedderfeld 112 , 22529 Hamburg, Germany
Managing Director / Publishing direction: Harald Hof
Print: Books on Demand GmbH, In de Tarpen 42, 22848 Norderstedt, Germany

kool
școală

klassiruum
sală de clasă

jagama
a împărți

186/2

tahvel
tablă

koolihoov
curte a școlii

õpetaja
profesor

paber
hârtie

kirjutama
a scrie

pastapliiats
instrument de scri

kirjutuslaud
masă de birou

joonlaud
riglă

raamat
carte

õpilane
elev

koolikott

ghiozdan

pinal

penar

harilik pliiats

creion

pliiatsiteritaja

ascuțitoare

kustukumm

radieră

joonistusplokk

bloc de desen

joonistus
desen

pintsel
pensulă

värvikarp
cutie de acuarele

käärid
foarfece

liim
lipici

töövihik
caiet de exerciţii

kodutöö
temă

number
numär

liitma
a aduna

lahutama
a scădea

korrutama
a multiplica

arvutama
a calcula

täht
literă

tähestik
alfabet

sõna
cuvânt

tekst

text

lugema

a citi

kriit

cretă

koolitund

oră

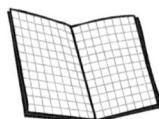

klassipäevik

catalog

eksam

examen

tunnistus

certificat

koolivorm

uniformă școlară

haridus

educație

entsüklopeedia

enciclopedie

ülikool

universitate

mikroskoop

microscop

kaart

hartă

paberikorv

coș de gunoi

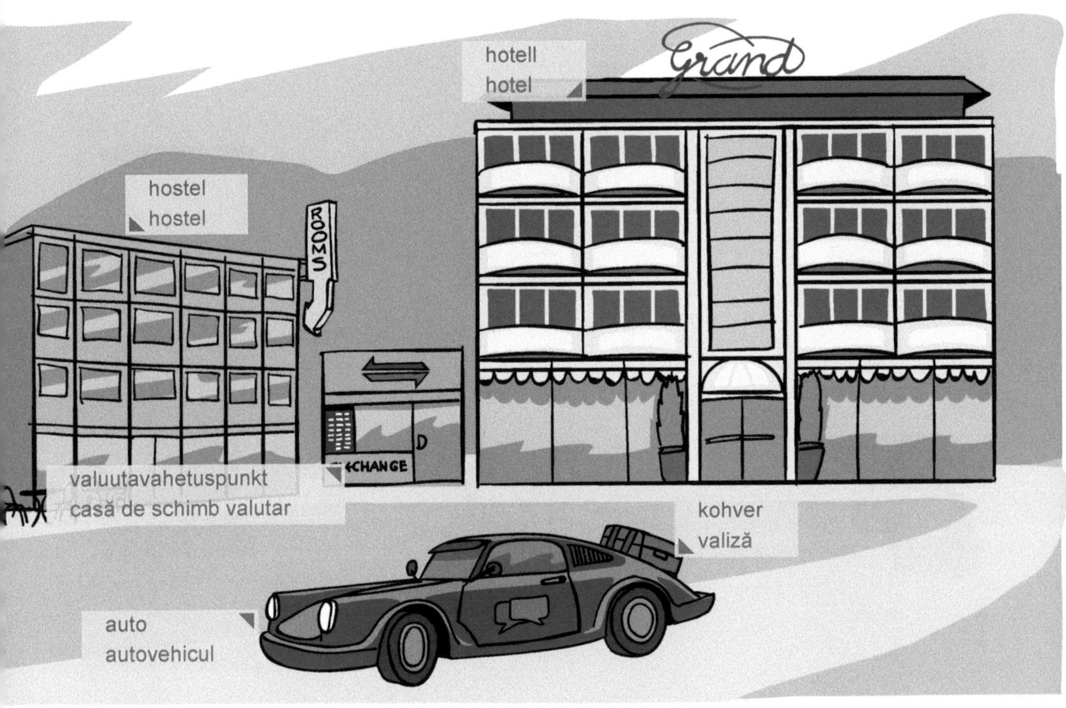
hotell
hotel
Grand
hostel
hostel
ROOMS
EXCHANGE
valuutavahetuspunkt
casă de schimb valutar
kohver
valiză
auto
autovehicul

keel
limbă

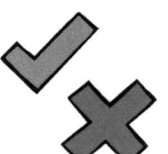

jah / ei
da/nu

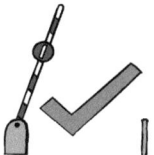

okei
okay

Tere!
Bună!

tõlk
interpret

Aitäh!
mulțumesc

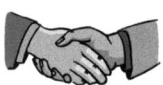

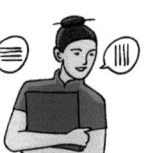

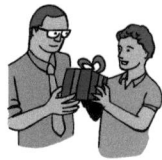

Kui palju maksab …?

Cât costă…?

Ma ei saa aru

Nu înțeleg

probleem

problemă

Tere õhtust!

Bună seara!

Tere hommikust!

Bună dimineața!

Head ööd!

Noapte bună!

Head aega!

la revedere

suund

direcție

pagas

bagaj

kott

geantă

seljakott

rucsac

külaline

oaspete

tuba

cameră

magamiskott

sac de dormit

telk

cort

turismiinfo

punct de informare turistică

rand

plajă

krediitkaart

carte de credit

hommikusöök

mic dejun

lõunasöök

masa de prânz

õhtusöök

cină

pilet

bilet de călătorie

lift

lift

postmark

timbru poştal

riigipiir

graniţă

toll

vamă

saatkond

ambasadă

viisa

viză

pass

paşaport

transport
transport

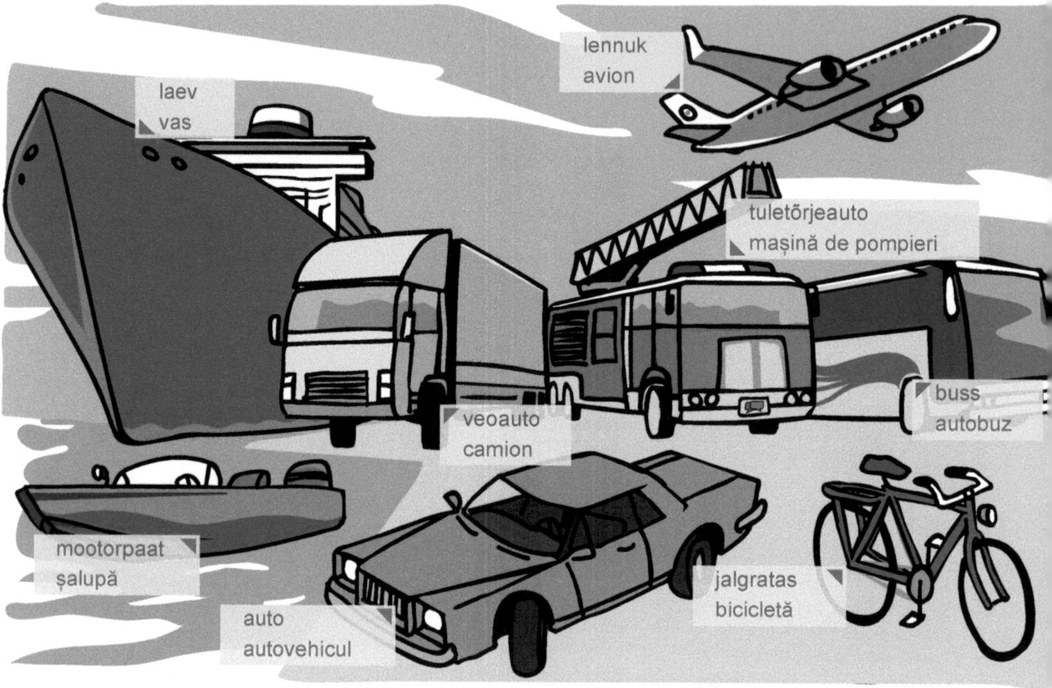

lennuk
avion
laev
vas
tuletõrjeauto
mașină de pompieri
buss
autobuz
veoauto
camion
mootorpaat
șalupă
jalgratas
bicicletă
auto
autovehicul

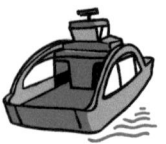

praam
feribot

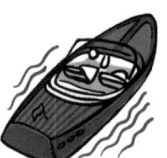

paat
barcă

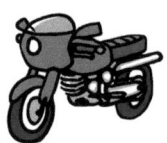

mootorratas
motocicletă

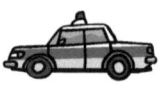

politseiauto
mașină de poliție

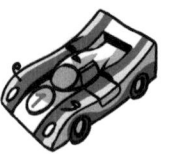

võidusõiduauto
mașină de curse

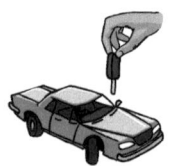

rendiauto
mașină închiriată

ühisauto

car sharing

puksiirauto

maşină de tractat

prügiauto

maşină de gunoi

mootor

motor

kütus

combustibil

tankla

benzinărie

liiklusmärk

semn de circulaţie

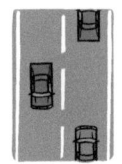

liiklus

trafic

liiklusummik

ambuteiaj

parkla

parcare

raudteejaam

gară

rööpad

şine

rong

tren

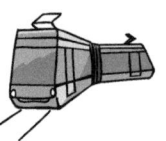

tramm

tramvai

vagun

vagon

helikopter
elicopter

lennujaam
aeroport

torn
turn

reisija
pasager

konteiner
container

pappkast
carton

käru
căruţă

korv
coş

õhku tõusma / maanduma
a decola/a ateriza

linn

oraş

küla
sat

kesklinn
centru

maja
casă

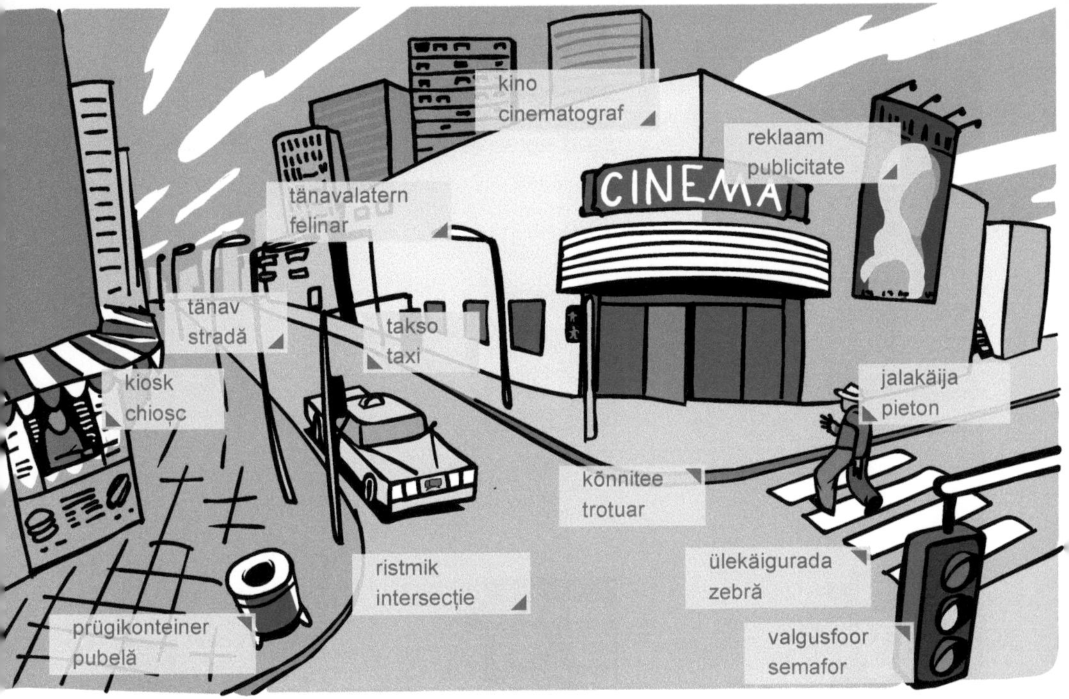

kino
cinematograf

reklaam
publicitate

tänavalatern
felinar

CINEMA

tänav
stradă

takso
taxi

jalakäija
pieton

kiosk
chioșc

kõnnitee
trotuar

ristmik
intersecție

ülekäigurada
zebră

prügikonteiner
pubelă

valgusfoor
semafor

osmik
cabană

kortermaja
apartament

raudteejaam
gară

raekoda
primărie

muuseum
muzeu

kool
școală

ülikool

universitate

pank

bancă

haigla

spital

hotell

hotel

apteek

farmacie

kontor

birou

raamatupood

librărie

kauplus

magazin

lillepood

florărie

supermarket

supermarket

turg

piaţă

kaubamaja

magazin universal

kalapood

comerciant de pește

kaubanduskeskus

centru comercial

sadam

port

park
parc

pink
bancă

sild
pod

trepp
trepte

metroo
metrou

tunnel
tunel

bussipeatus
stație de autobuz

baar
bar

restoran
restaurant

postkast
cutie poștală

tänavasilt
tăbliță indicatoare cu
numele străzii

parkimisautomaat
parcometru

loomaaed
grădină zoologică

ujula
piscină

mošee
moschee

linn - oraș

talu
gospodărie țărănească

reostus
poluare

surnuaed
cimitir

kirik
biserică

mänguväljak
loc de joacă

tempel
templu

maastik
peisaj

leht
frunză

teeviit
indicator

tee
drum

aas
pajiște

kivi
piatră

matkaja
drumeț

puu
copac

jõgi
râu

rohi
iarbă

lill
floare

org
....
vale

mägi
....
deal

järv
....
lac

mets
....
pădure

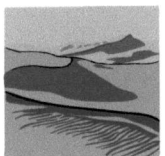

kõrb
....
deșert

vulkaan
....
vulcan

linnus
....
castel

vikerkaar
....
curcubeu

seen
....
ciupercă

palm
....
palmier

sääsk
....
țânțar

kärbes
....
muscă

sipelgas
....
furnică

mesilane
....
albină

ämblik
....
păianjen

mardikas

gândac

konn

broască

orav

veveriță

siil

arici

jänes

iepure

öökull

bufniță

lind

pasăre

luik

lebădă

metssiga

porc mistreț

hirv

cerb

põder

elan

pais

dig

tuuleturbiin

turbină eoliană

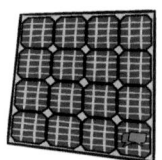

päikesepaneel

panou solar

kliima

climă

restoran
restaurant

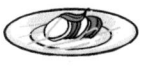

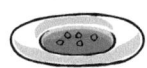

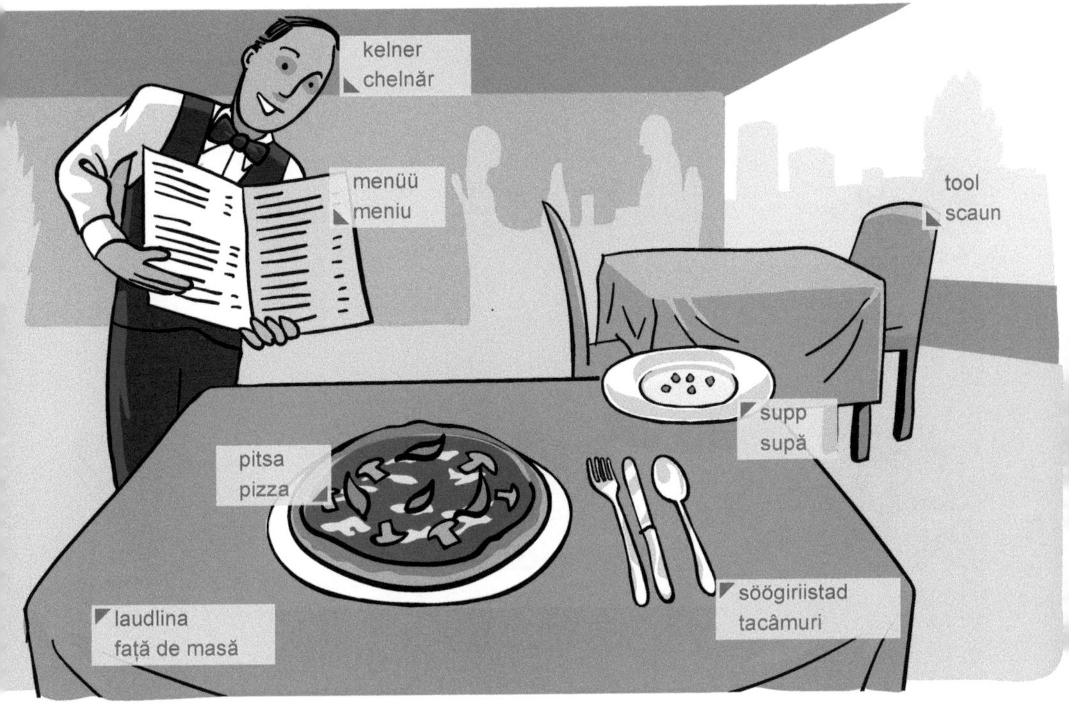
kelner
chelnăr
menüü
meniu
tool
scaun
supp
supă
pitsa
pizza
laudlina
față de masă
söögiriistad
tacâmuri

eelroog

antreu

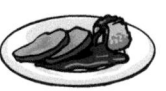

pearoog

fel principal

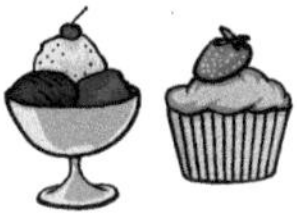

magustoit

desert

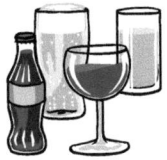

joogid

băuturi

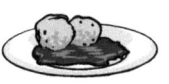

toit

mâncare

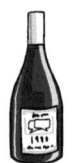

pudel

sticlă

kiirtoit

fastfood

tänavatoit

streetfood

teekann

ceainic

suhkrutoos

zaharniță

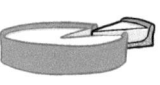

portsjon

porție

espressomasin

espressor

lastetool

scaun înalt (pentru copii)

arve

factură

kandik

tavă

nuga

cuțit

kahvel

furculiță

lusikas

lingură

teelusikas

linguriță

salvrätik

șervețel

klaas

pahar

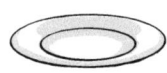

taldrik
farfurie

supitaldrik
farfurie de supă

alustass
farfurie

kaste
sos

soolatoos
solniță

pipraveski
râșniță de piper

äädikas
oțet

õli
ulei

vürtsid
condimente

ketšup
ketchup

sinep
muștar

majonees
maioneză

supermarket
supermarket

eripakkumine
ofertă
FOR
klient
client
piimatooted
produse lactate
puuviljad
fructe
ostukäru
cărucior de cumpărături

BUTCHERS

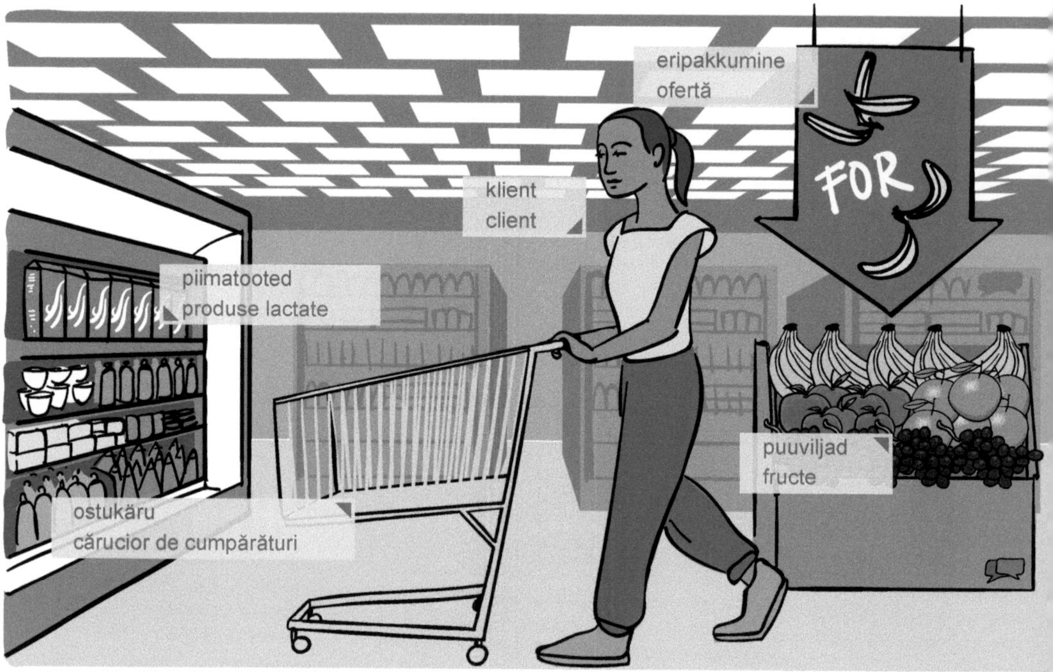

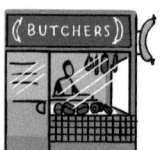

lihapood

măcelărie

BAKERY

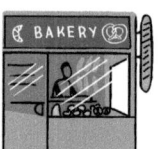

pagariäri

brutărie

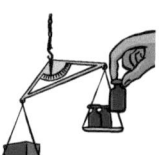

kaaluma

a cântări

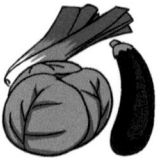

köögiviljad

legume

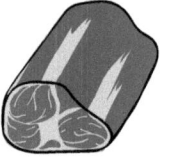

liha

carne

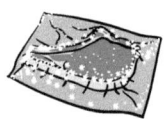

külmutatud toit

alimente refrigerate

lihalõigud
....
ezeluri și brânzeturi feliate

konservid
....
conserve

pesupulber
....
detergent

maiustused
....
dulciuri

majatarbed
....
articole de menaj

puhastustooted
....
produse de curăţenie

müüja
....
vânzătoare

kassaaparaat
....
casă

kassapidaja
....
casier

ostunimekiri
....
listă de cumpărături

lahtiolekuajad
....
orar

rahakott
....
portmoneu

krediitkaart
....
carte de credit

kott
....
geantă

kilekott
....
pungă de plastic

vesi

apă

mahl

suc

piim

lapte

koola

cola

vein

vin

õlu

bere

alkohol

alcool

kakao

cacao

tee

ceai

kohv

cafea

espresso

espresso

cappuccino

cappucino

banaan

banane

õun

măr

apelsin

portocală

arbuus

pepene

sidrun

lămâie

porgand

morcov

küüslauk

usturoi

bambus

bambus

sibul

ceapă

seen

ciupercă

pähklid

nuci

nuudlid

paste făinoase

spagetid

spagheti

riis

orez

salat

salată

friikartulid

cartofi prăjiți

praekartulid

cartofi țărănești

pitsa

pizza

hamburger

hamburger

võileib

sandwich

šnitsel

șnițel

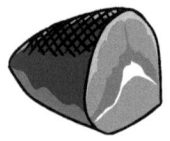

sink

șuncă

salaami

salam

vorst

cârnați

kana

pui

praeliha

friptură

kala

pește

kaerahelbed

fulgi de ovăz

müsli

musli

maisihelbed

cereale

jahu

făină

sarvesai

corn

kukkel

chifle

leib

pâine

röstsai

pâine prăjită

küpsised

biscuiţi

või

unt

kohupiim

brânză de vaci

kook

prăjitură

muna

ou

praemuna

ouă ochiuri

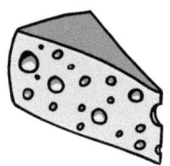

juust

brânză

jäätis

îngheţată

suhkur

zahăr

mesi

miere

moos

marmeladă

pähklivõie

cremă nuga

karri

curry

toit - mâncare

gospodărie țărănească

talumaja
casă țărănească

heinapall
balot de paie

laut
șură

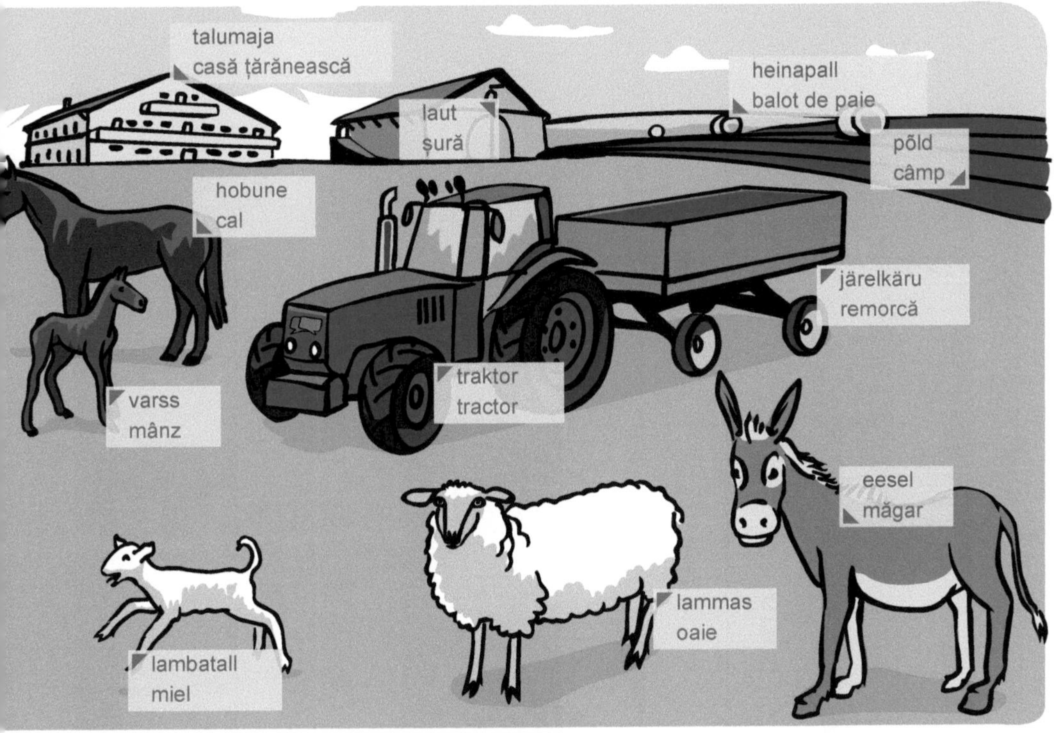

pŏld
câmp

hobune
cal

järelkäru
remorcă

varss
mânz

traktor
tractor

eesel
măgar

lammas
oaie

lambatall
miel

kits	lehm	vasikas
capră	vacă	vițel

siga	pŏrsas	pull
porc	purcel	taur

hani

găină

part

rață

tibu

pui

kana

găină

kukk

cocoș

rott

șobolan

kass

pisică

hiir

șoarece

härg

bou

koer

câine

koerakuut

cușcă

aiavoolik

furtun de grădină

kastekann

stropitoare

vikat

coasă

ader

plug

talu - gospodărie țărănească

sirp
seceră

kõblas
sapă

hang
furcă

kirves
secure

käru
roabă

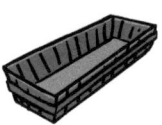

küna
troacă

piimanõu
cană pentru lapte

kott
sac

tara
gard

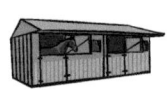

tall
grajd

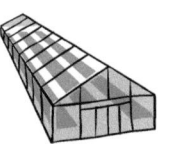

kasvuhoone
seră

muld
sol

seeme
sămânță

väetis
fertilizator

kombain
combină de treierat

saaki koristama

a culege

saagikoristus

recoltă

jamss

cartof yam

nisu

grâu

soja

soia

kartul

cartof

mais

porumb

raps

rapiţă

viljapuu

pom fructifer

maniokk

manioc

teravili

cereale

maja
casă

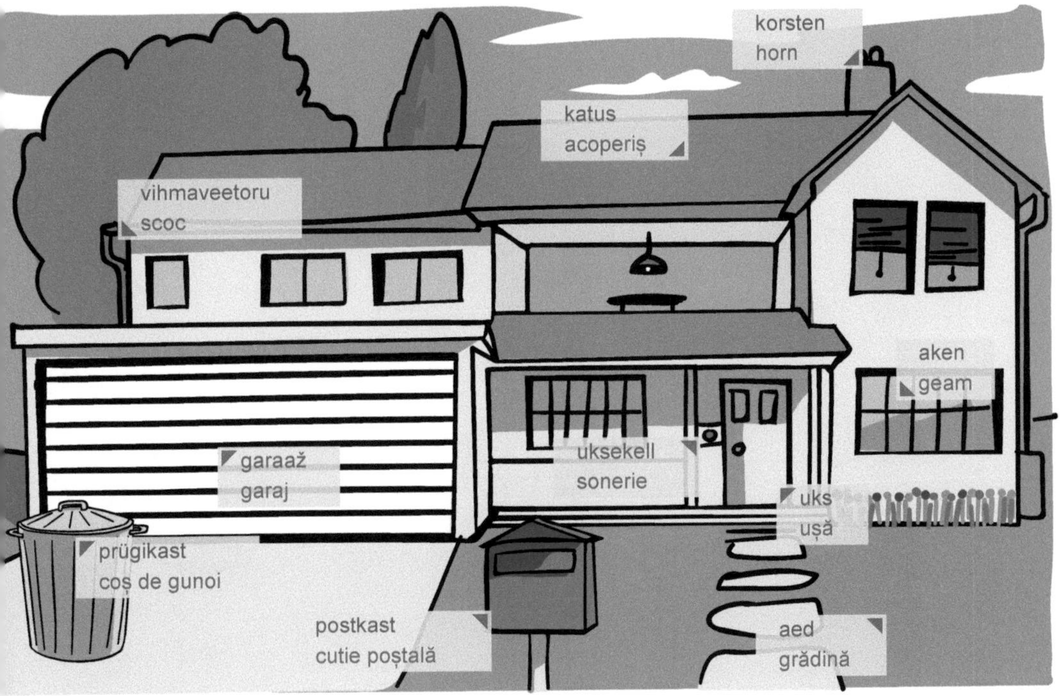
korsten
horn
katus
acoperiș
vihmaveetoru
scoc
aken
geam
garaaž
garaj
uksekell
sonerie
uks
ușă
prügikast
coș de gunoi
postkast
cutie poștală
aed
grădină

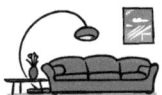

elutuba

camera de zi

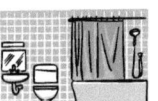

vannituba

baie

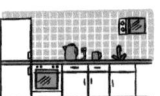

köök

bucătărie

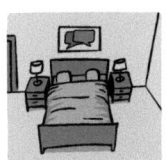

magamistuba

dormitor

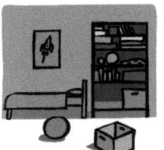

lastetuba

camera copiilor

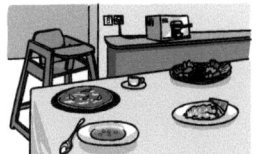

söögituba

sufragerie

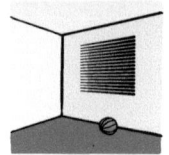

põrand
podea

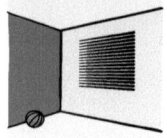

sein
perete

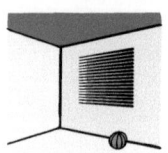

lagi
tavan

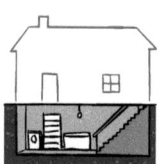

kelder
pivniţă

saun
saună

rõdu
balcon

terrass
terasă

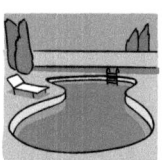

bassein
piscină

muruniiduk
maşină de tuns iarba

voodilina
cearşaf

päevatekk
cuvertură

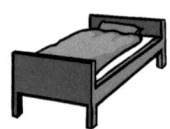

voodi
pat

luud
mătură

ämber
găleată

lüliti
întrerupător

elutuba
cameră de zi

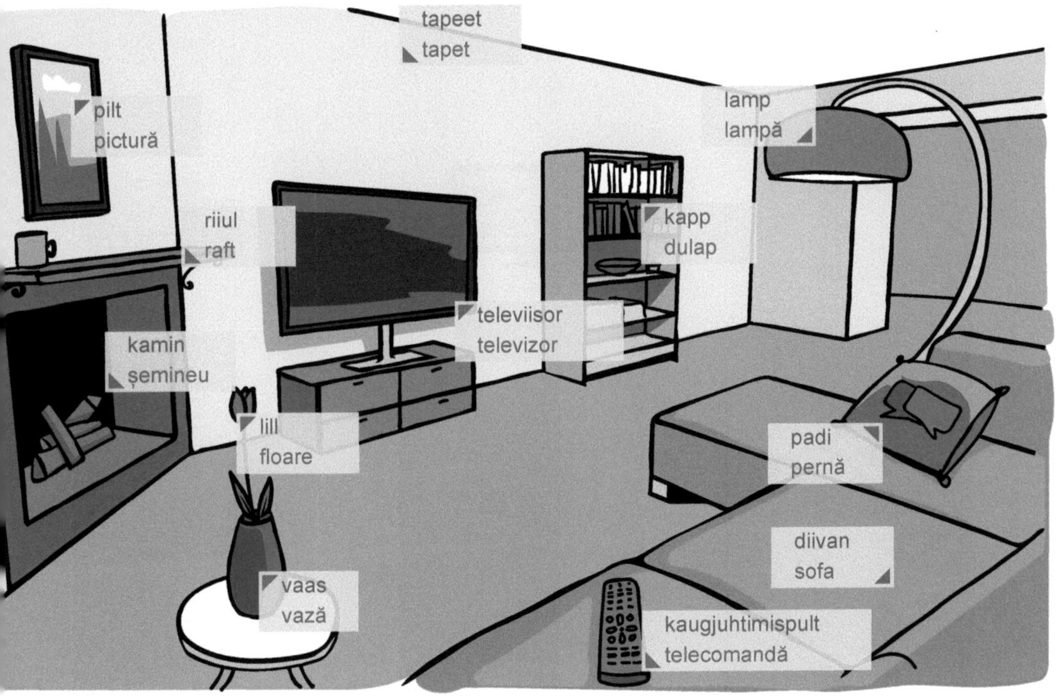
tapeet
tapet
pilt
pictură
lamp
lampă
riiul
raft
kapp
dulap
televiisor
televizor
kamin
șemineu
lill
floare
padi
pernă
diivan
sofa
vaas
vază
kaugjuhtimispult
telecomandă

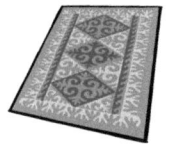

vaip
covor

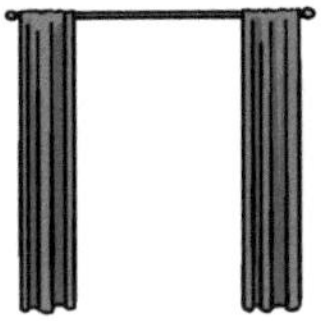

kardin
perdea

laud
masă

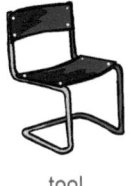

tool
scaun

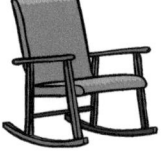

kiiktool
balansoar

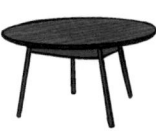

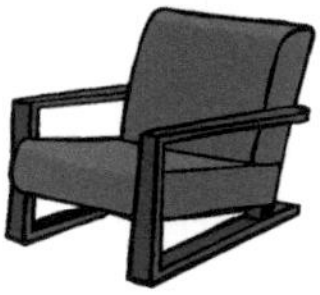

tugitool
fotoliu

raamat

carte

tekk

pătură

kaunistus

decoraţiune

küttepuud

lemn de foc

film

film

helisüsteem

instalaţie stereo

võti

cheie

ajaleht

ziar

maal

desen

plakat

poster

raadio

radio

märkmik

caiet de notiţe

tolmuimeja

aspirator

kaktus

cactus

küünal

lumânare

köök
bucătărie

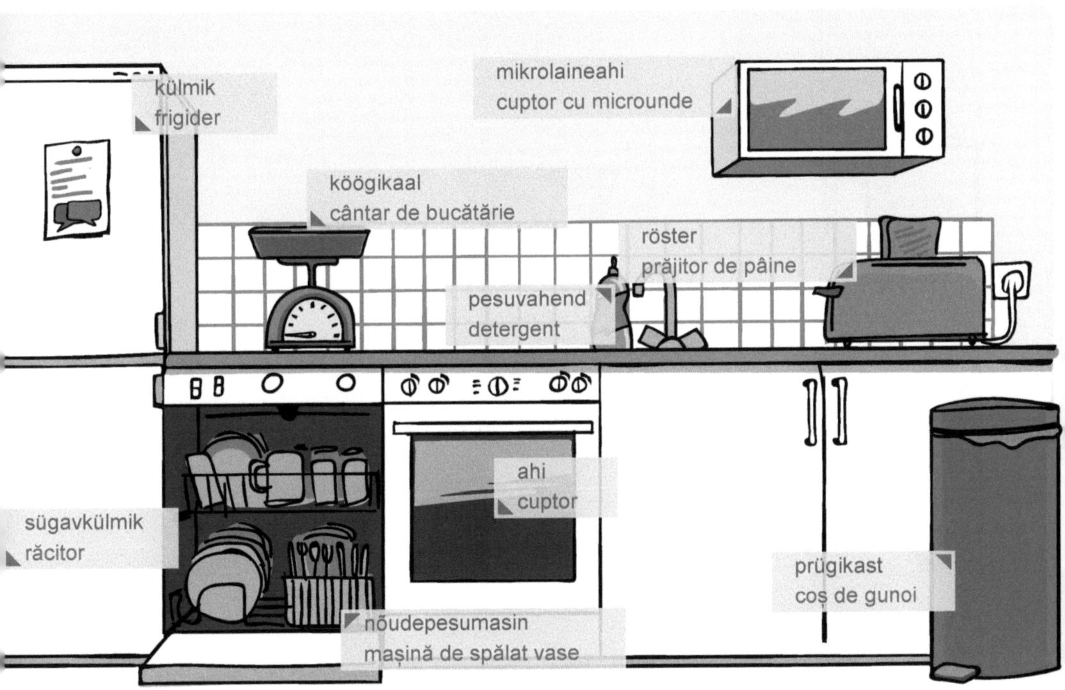

külmik
frigider
mikrolaineahi
cuptor cu microunde
köögikaal
cântar de bucătărie
röster
prăjitor de pâine
pesuvahend
detergent
ahi
cuptor
sügavkülmik
răcitor
prügikast
coș de gunoi
nõudepesumasin
mașină de spălat vase

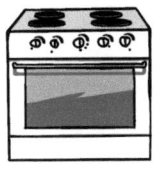

pliit
cuptor

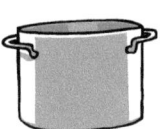

pott
oală

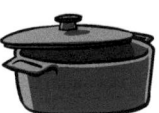

malmpott
oală de metal

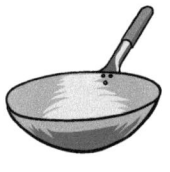

vokkpann
wok/kadai

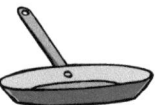

pann
tigaie

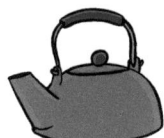

veekeetja
ceainic

aurutaja

oală de gătit cu aburi

küpsetusplaat

tavă de copt

lauanõud

veselă

kruus

pahar

kauss

bol

söögipulgad

bețișoare

kulp

polonic

pannilabidas

spatulă

vispel

tel

kurn

sită

sõel

sită

riiv

răzătoare

uhmer

mojar

grill

grătar

lahtine tuli

loc pentru grătar

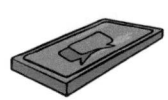

lõikelaud

tocător

tainarull

sucitor

korgitser

tirbușon

konservipurk

conservă

konserviavaja

deschizător de conserve

pajakinnas

șervete termice

kraanikauss

chiuvetă

hari

perie

pesukäsn

burete

kannmikser

mixer

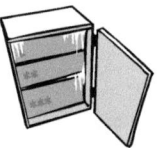

sügavkülmuti

ladă frigorifică

lutipudel

biberon

segisti

robinet

vannituba

baie

küte
încălzire
dušš
duș
käterätik
prosop
dušikardin
perdea de duș
mullivann
baie cu spumă
vann
cadă
klaas
pahar
pesumasin
mașină de spălat
segisti
robinet
plaadid
gresie
pissipott
oală de noapte
kraanikauss
chiuvetă

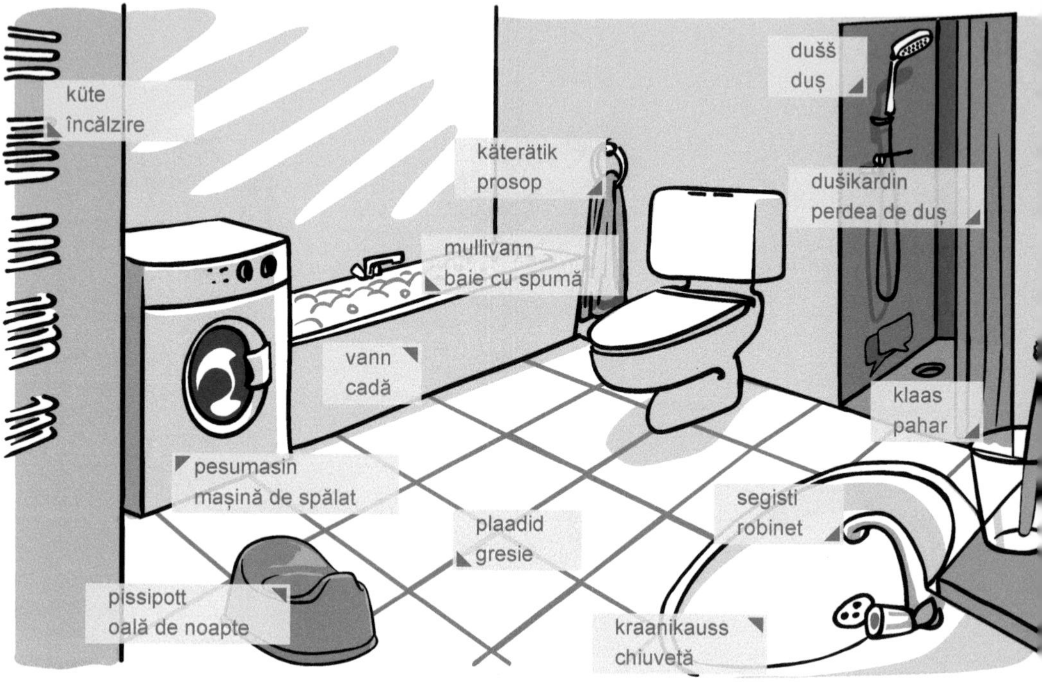

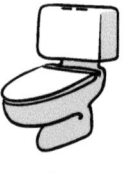

WC-pott
toaletă

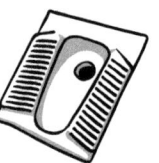

kükitamistualett
toaletă turcescă

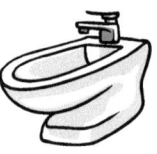

bidee
bideu

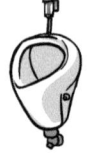

pissuaar
pisoir

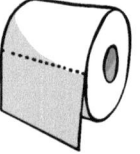

tualettpaber
hârtie igienică

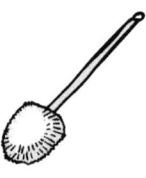

WC-hari
perie de toaletă

hambahari

periuță de dinți

hambapasta

pastă de dinți

hambaniit

ață dentară

pesema

a spăla

käsidušš

cap de duș

intiimdušš

duș intim

pesukauss

lavoar

seljahari

perie pentru spate

seep

săpun

dušigeel

gel de duș

šampoon

șampon

vamm

cârpă de spălat

äravool

scurgere

kreem

cremă

deodorant

deodorant

peegel

oglindă

käsipeegel

oglindă cosmetică

habemenuga

aparat de ras

raseerimisvaht

spumă de ras

habemevesi

aftershave

kamm

pieptene

hari

perie

föön

uscător de păr

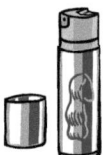

juukselakk

fixator

meigikomplekt

machiaj

huulepulk

ruj

küünelakk

lac de unghii

vatt

vată

küünekäärid

foarfece de unghii

parfüüm

parfum

tualett-tarvete kott
....
neseser

taburet
....
taburet

kaal
....
cântar

hommikumantel
....
halat de baie

kummikindad
....
mănuși de cauciuc

tampoon
....
tampon

hügieeniside
....
tampon

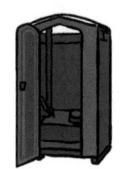

keemiline tualett
....
toaletă chimică

lastetuba

camera copiilor

äratuskell
ceas deșteptător
pehme mänguasi
jucărie de pluș
mänguauto
mașină de jucărie
kõristi
morișcă
nukumaja
casă de păpuși
kingitus
cadou

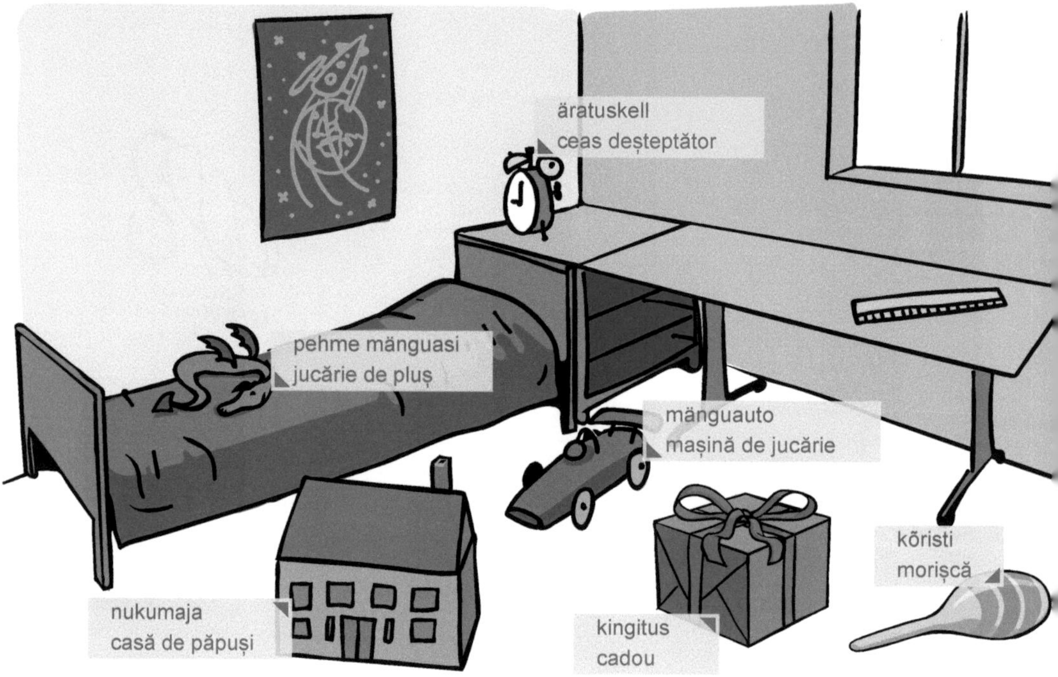

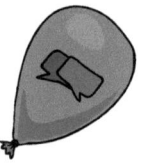

õhupall

balon

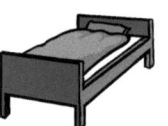

voodi

pat

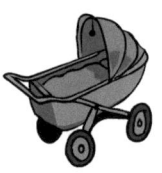

lapsevanker

cărucior de copii

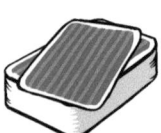

kaardipakk

joc de cărți

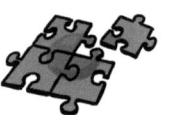

pusle

puzzle

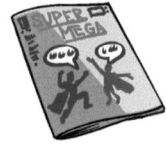

koomiks

revistă de benzi desenate

Lego klotsid

cuburi lego

klotsid

piese pentru construcții

kujuke

personaj din filmele de acțiune

siputuspüksid

body

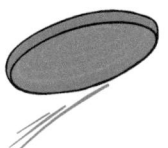

lendav taldrik

frisbee

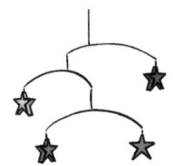

voodikarussell

mobil

lauamäng

joc de societate

täringud

zar

mudelrong

set trenuleț de jucărie

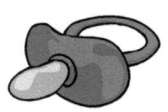

lutt

suzetă

pidu

petrecere

pildiraamat

carte cu poze

pall

minge

nukk

păpușă

mängima

a se juca

liivakast

groapă de nisip

kiik

leagăn

mänguasjad

jucării

mängukonsool

consolă video

kolmerattaline jalgratas

tricicletă

mängukaru

ursuleț

riidekapp

dulap

riietus
îmbrăcăminte

sokid

șosete

sukad

ciorapi

sukkpüksid

dres

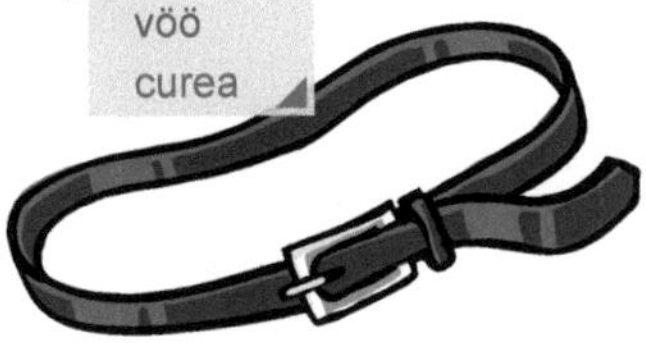

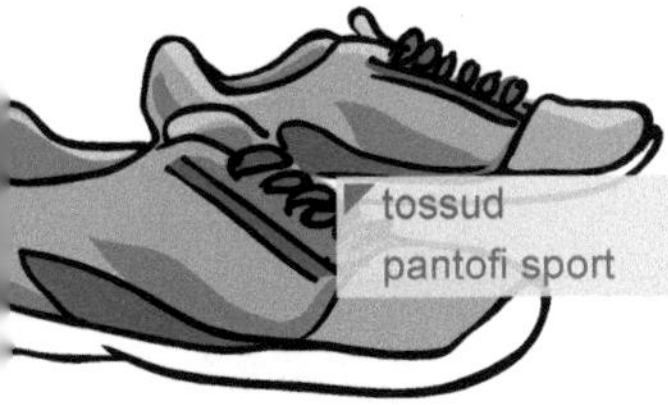

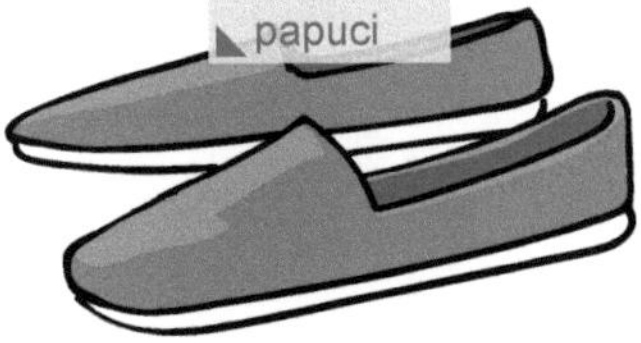

sall
şal

vihmavari
umbrelă

T-särk
tricou

vöö
curea

saapad
cizme

sussid
papuci

tossud
pantofi sport

sandaalid
sandale

jalatsid
încălţăminte

kummikud
cizme de cauciuc

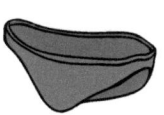

aluspüksid
chilot

rinnahoidja
sutien

vest
maiou

bodi

body

püksid

pantaloni

teksapüksid

blugi

seelik

fustă

pluus

bluză

särk

cămașă

sviiter

pulover

dressipluus

jerseu

bleiser

sacou

jakk

jachetă

mantel

palton

vihmamantel

pelerină de ploaie

kostüüm

costum

kleit

rochie

pulmakleit

rochie de mireasă

ülikond
costum

öösärk
cămașă de noapte

pidžaama
pijama

sari
sari

pearätt
batic

turban
turban

burka
burka

kaftan
caftan

abayah
abaya

ujumistrikoo
costum de baie

ujumispüksid
șort

lühikesed püksid
pantaloni scurți

dressid
trening

põll
șorț

kindad
mănuși

nööp

nasture

prillid

ochelari

käevõru

brățară

kaelakee

lanț

sõrmus

inel

kõrvarõngas

cercel

nokamüts

căciulă

riidepuu

umeraș

kaabu

pălărie

lips

cravată

tõmblukk

fermoar

kiiver

cască

traksid

bretele

koolivorm

uniformă școlară

vormirõivad

uniformă

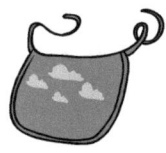

pudipõll

bavețică

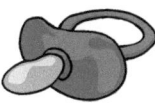

lutt

suzetă

mähe

scutec

kontor
birou

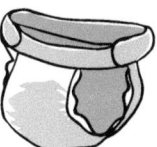

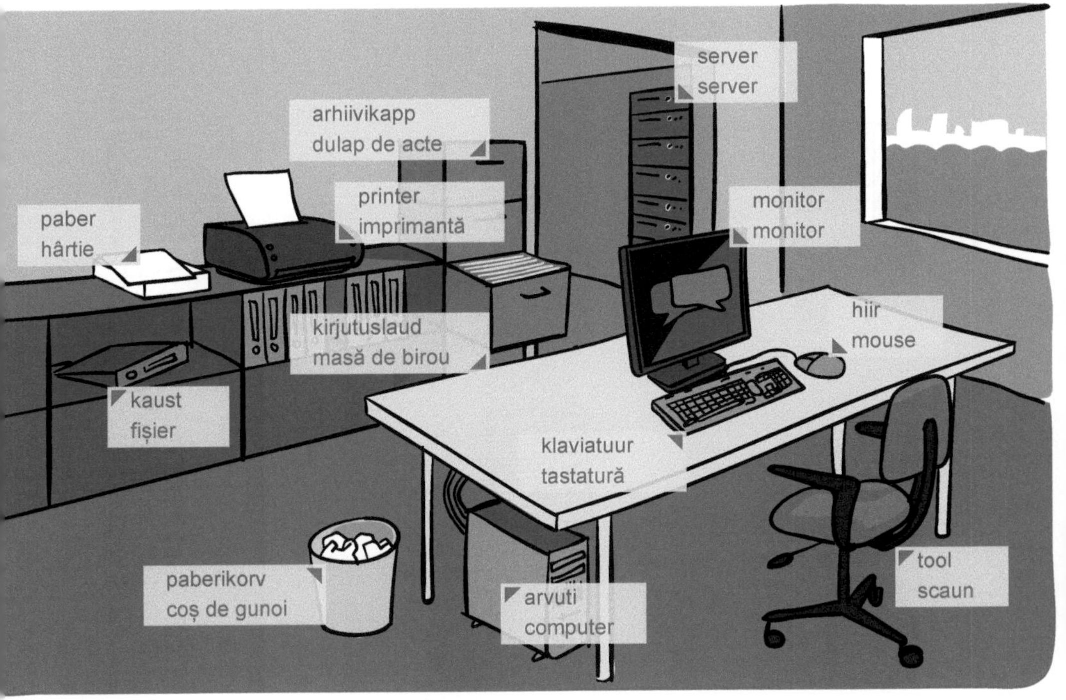

server
server
arhiivikapp
dulap de acte
printer
imprimantă
paber
hârtie
monitor
monitor
hiir
mouse
kirjutuslaud
masă de birou
kaust
fișier
klaviatuur
tastatură
tool
scaun
paberikorv
coș de gunoi
arvuti
computer

kohvikruus

ceașcă de cafea

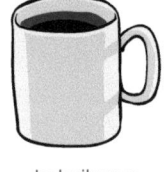

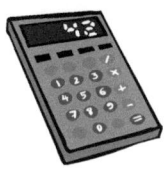

kalkulaator

calculator

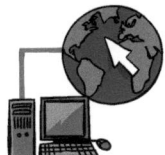

internet

internet

sülearvuti

laptop

kiri

scrisoare

sõnum

mesaj

mobiiltelefon

telefon mobil

võrk

reţea

koopiamasin

copiator

tarkvara

software

telefon

telefon

pistikupesa

priză

faksimasin

fax

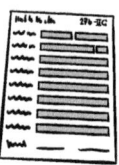

vorm

formular

dokument

document

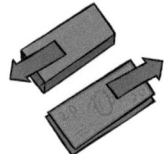

ostma

a cumpăra

maksma

a plăti

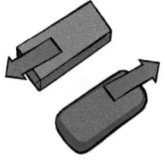

vahetama

a face comerț

raha

bani

USD

dollar

Dolar

EUR

euro

Euro

JPY

jeen

Yen

RUB

rubla

Rublă

CHF

Šveitsi frank

Franc Elvețian

CNY

renminbi jüaan

renminbi yuan

INR

ruupia

Rupie

sularahaautomaat

bancomat

valuutavahetuspunkt

casă de schimb valutar

kuld

aur

hõbe

argint

nafta

petrol

energia

energie

hind

preț

leping

contract

maks

impozit

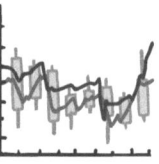

aktsia

acțiune

töötama

a munci

töötaja

angajat

tööandja

angajator

tehas

fabrică

kauplus

magazin

politseinik
polițist

tuletõrjuja
pompier

piloot
pilot

kokk
bucătar

arst
medic

aednik
....
grădinar

puusepp
....
tâmplar

õmbleja
....
cusătoreasă

kohtunik
....
judecător

keemik
....
chimist

näitleja
....
actor

bussijuht

șofer de autobuz

taksojuht

șofer de taxi

kalamees

pescar

koristaja

femeie de serviciu

katusepaigaldaja

tinichigiu

kelner

chelnăr

jahimees

vânător

maaler

pictor

pagar

brutar

elektrik

electrician

ehitaja

muncitor în construcții

insener

inginer

lihunik

măcelar

torumees

instalator

postiljon

poștaș

sõdur

soldat

arhitekt

arhitect

kassapidaja

casier

lillemüüja

florar

juuksur

frizer

piletikontrolör

controlor

mehaanik

mecanic

kapten

căpitan

hambaarst

stomatolog

teadlane

om de știință

rabi

rabin

imaam

imam

munk

călugăr

preester

preot

tööriistad

instrumente

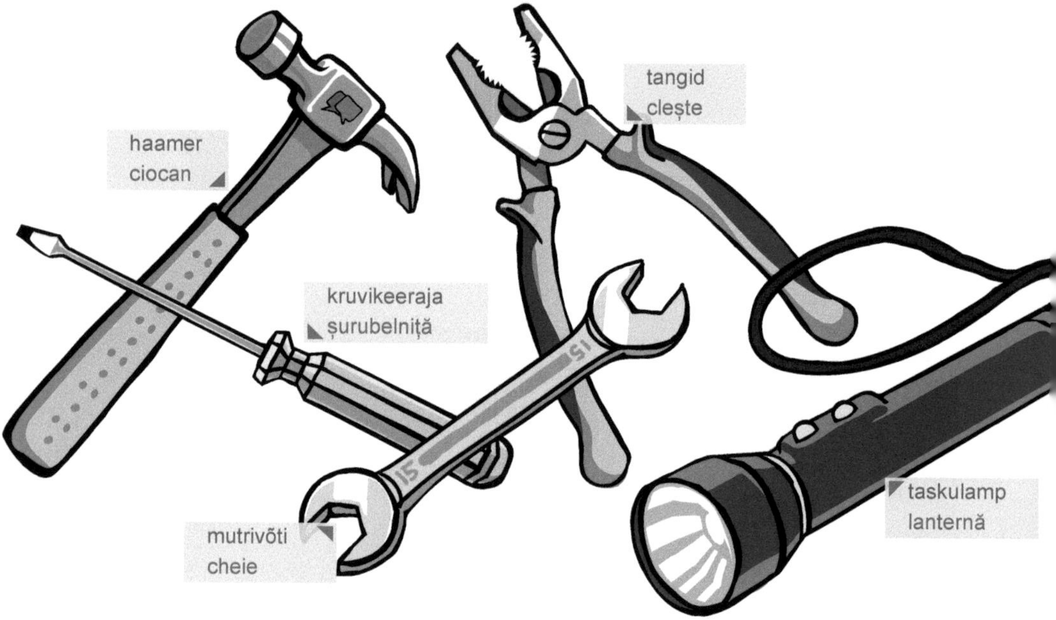

tangid
clește
haamer
ciocan
kruvikeeraja
șurubelniță
taskulamp
lanternă
mutrivõti
cheie

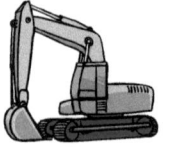

ekskavaator

excavator

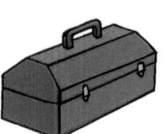

tööriistakast

cutie de scule

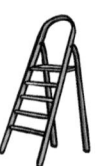

redel

scară

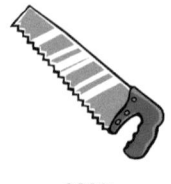

saag

ferăstrău

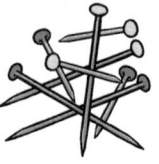

naelad

cuie

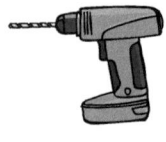

trell

burghiu

parandama
a repara

labidas
lopată

Põrgusse!
La naiba!

kühvel
făraș

värvipott
vas pentru vopsea

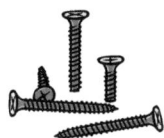

kruvid
șuruburi

pillid

instrumente muzicale

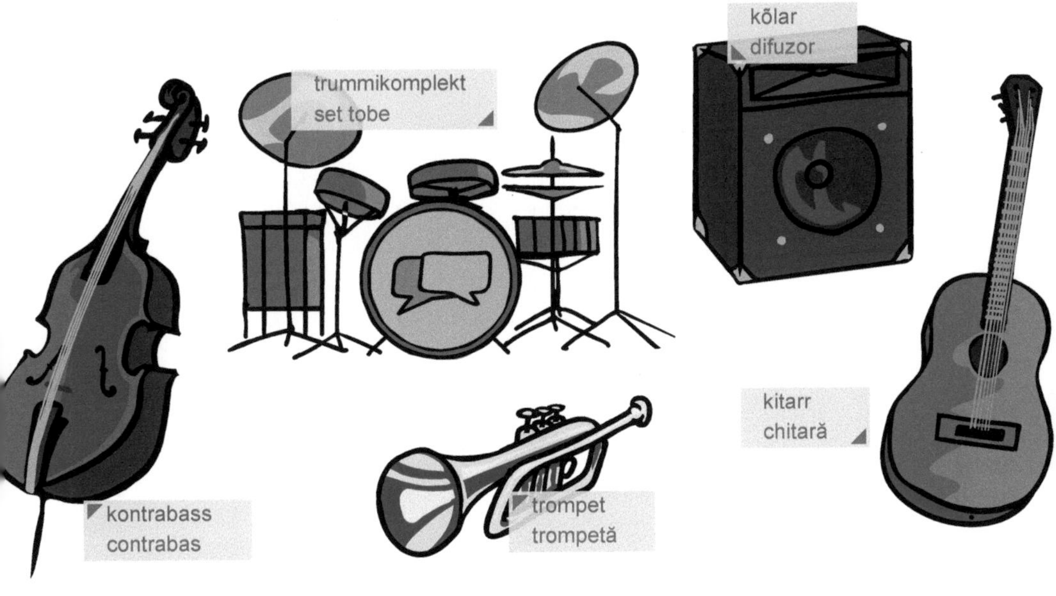

kõlar
difuzor

trummikomplekt
set tobe

kitarr
chitară

kontrabass
contrabas

trompet
trompetă

klaver

pian

viiul

vioară

bass

bas

timpan

trombon

trummid

tobă

süntesaator

keyboard

saksofon

saxofon

flööt

fluier

mikrofon

microfon

loomaaed
grădină zoologică

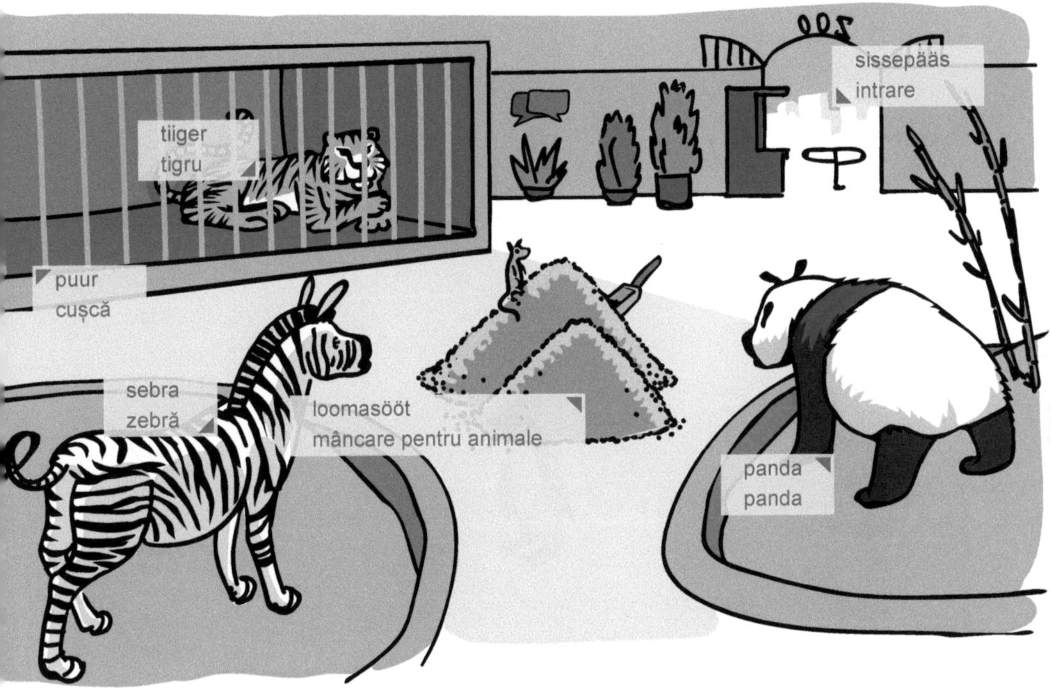

sissepääs
intrare
tiiger
tigru
puur
cușcă
sebra
zebră
loomasööt
mâncare pentru animale
panda
panda

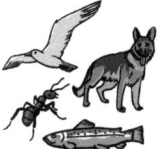

loomad
animale

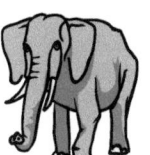

elevant
elefant

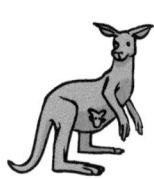

känguru
cangur

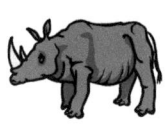

ninasarvik
rinocer

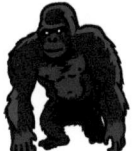

gorilla
gorilă

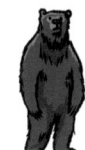

karu
urs

kaamel

cămilă

jaanalind

struț

lõvi

leu

ahv

maimuță

flamingo

flamingo

papagoi

papagal

jääkaru

urs polar

pingviin

pinguin

hai

rechin

paabulind

păun

madu

șarpe

krokodill

crocodil

loomaaiatalitaja

îngrijitor grădina zoologică

hüljes

focă

jaaguar

jaguar

poni
ponei

leopard
leopard

jõehobu
hipopotam

kaelkirjak
girafă

kotkas
acvilă

metssiga
porc mistreț

kala
pește

kilpkonn
broască țestoasă

morsk
morsă

rebane
vulpe

gasell
gazelă

loomaaed - grădină zoologică

Ameerika jalgpall
fotbal american

jalgrattasõit
ciclism

tennis
tenis

korvpall
basketball

ujumine
înot

poksimine
box

jäähoki
hockey pe gheață

jalgpall

fotbal

sulgpall

badminton

kergejõustik

atletism

käsipall

handbal

suusatamine

schi

polo

polo

tegevused
activități

naerma
a râde
hüppama
a sări
kallistama
a îmbrățișa
jalutama
a merge
laulma
a cânta
unistama
a visa
palvetama
a se ruga
suudlema
a săruta

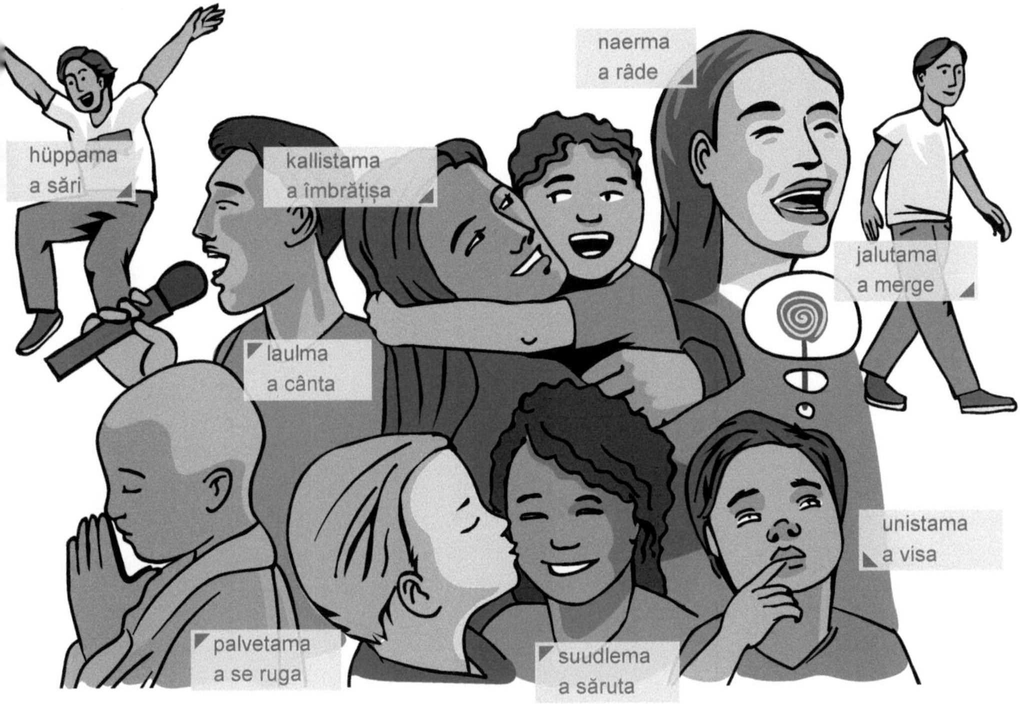

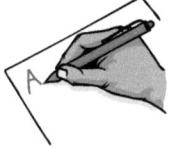

kirjutama

a scrie

joonistama

a desena

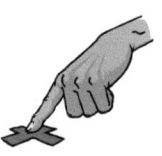

näitama

a arăta

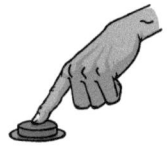

lükkama

a împinge

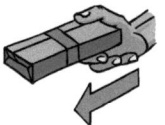

andma

a da

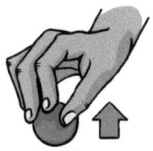

võtma

a lua

omama

a avea

tegema

a face

olema

a fi

seisma

a sta în picioare

jooksma

a fugi

tõmbama

a trage

viskama

a arunca

kukkuma

a cădea

lamama

a sta întins

ootama

a aștepta

kandma

a purta

istuma

a ședea

riidesse panema

a se îmbrăca

magama

a dormi

ärkama

a se trezi

vaatama

a privi

nutma

a plânge

paitama

a mângâia

kammima

a se pieptăna

rääkima

a vorbi

aru saama

a înțelege

küsima

a întreba

kuulama

a asculta

jooma

a bea

sööma

a mânca

korrastama

a face ordine

armastama

a iubi

süüa tegema

a găti

sõitma

a conduce

lendama

a zbura

purjetama

a naviga

arvutama

a calcula

lugema

a citi

õppima

a învăța

töötama

a munci

abielluma

a se căsători

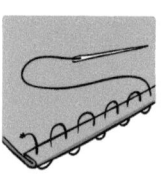

õmblema

a coase

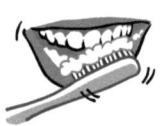

hambaid pesema

a se spăla pe dinți

tapma

a ucide

suitsetama

a fuma

saatma

a trimite

vanaema
bunică

vanaisa
bunic

isa
tată

ema
mamă

imik
bebeluș

tütar
soră

poeg
fiu

külaline

oaspete

tädi

mătușă

onu

unchi

vend

frate

õde

soră

perekond - familie

keha
corp

otsmik
frunte
silm
ochi
õlg
umăr
sõrm
deget
nägu
față
lõug
bărbie
käsi
mână
jalg
picior
rind
piept
käsivars
braț

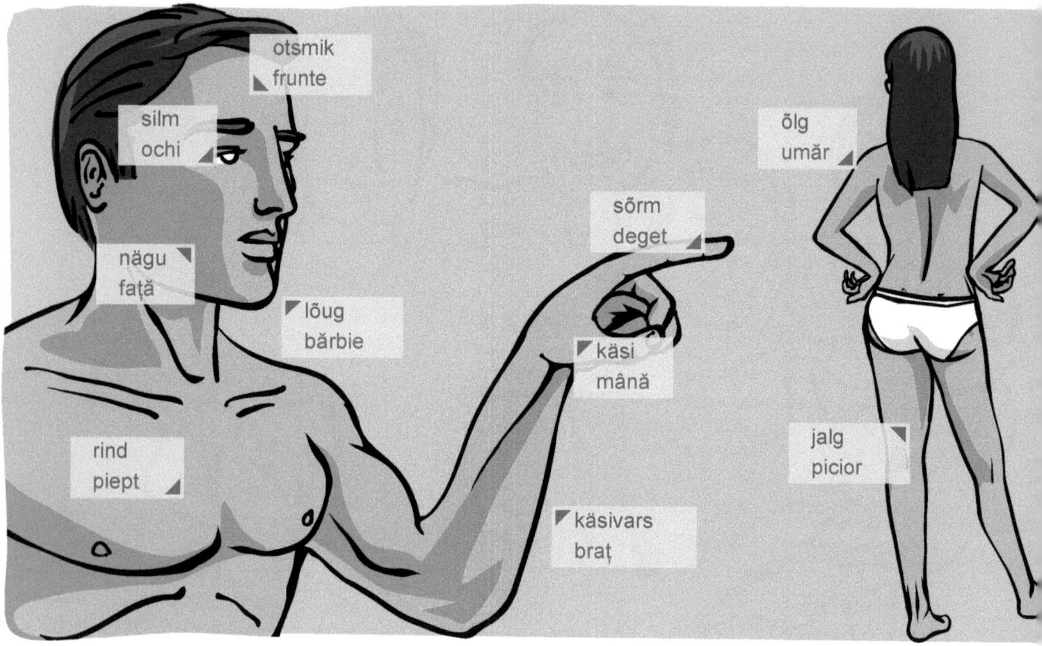

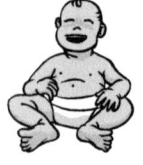

imik
bebeluș

mees
bărbat

naine
femeie

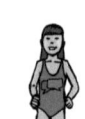

tüdruk
fată

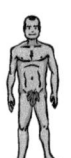

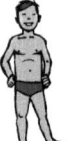

poiss
băiat

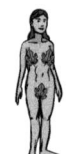

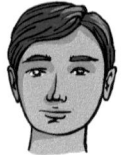

pea
cap

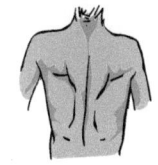

selg

spate

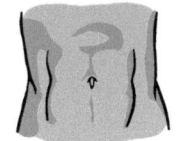

kõht

abdomen

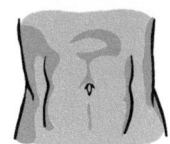

naba

ombilic

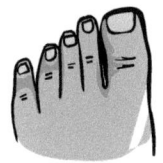

varvas

deget de la picior

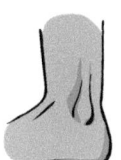

kand

călcâi

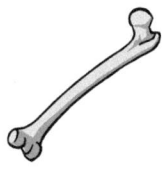

luu

os

puus

șold

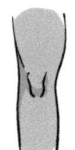

põlv

genunchi

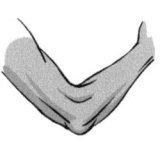

küünarnukk

cot

nina

nas

tagumik

fund

nahk

piele

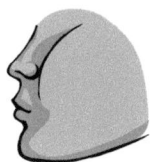

põsk

obraz

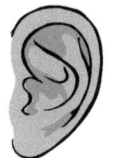

kõrv

ureche

huuled

buză

suu

gură

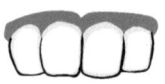

hammas

dinte

keel

limbă

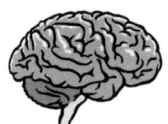

aju

creier

süda

inimă

lihas

mușchi

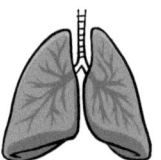

kops

plămân

maks

ficat

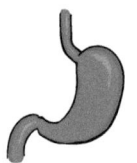

magu

stomac

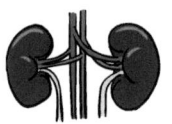

neerud

rinichi

seksuaalvahekord

sex

kondoom

prezervativ

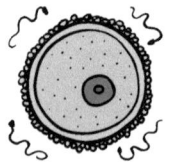

munarakk

ovul

sperma

spermă

rasedus

sarcină

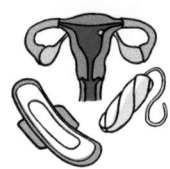

menstruatsioon

menstruație

vagiina

vagin

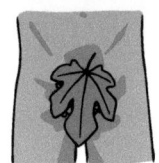

peenis

penis

kulm

sprânceană

juuksed

păr

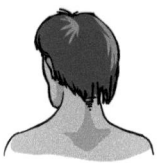

kael

gât

haigla
spital

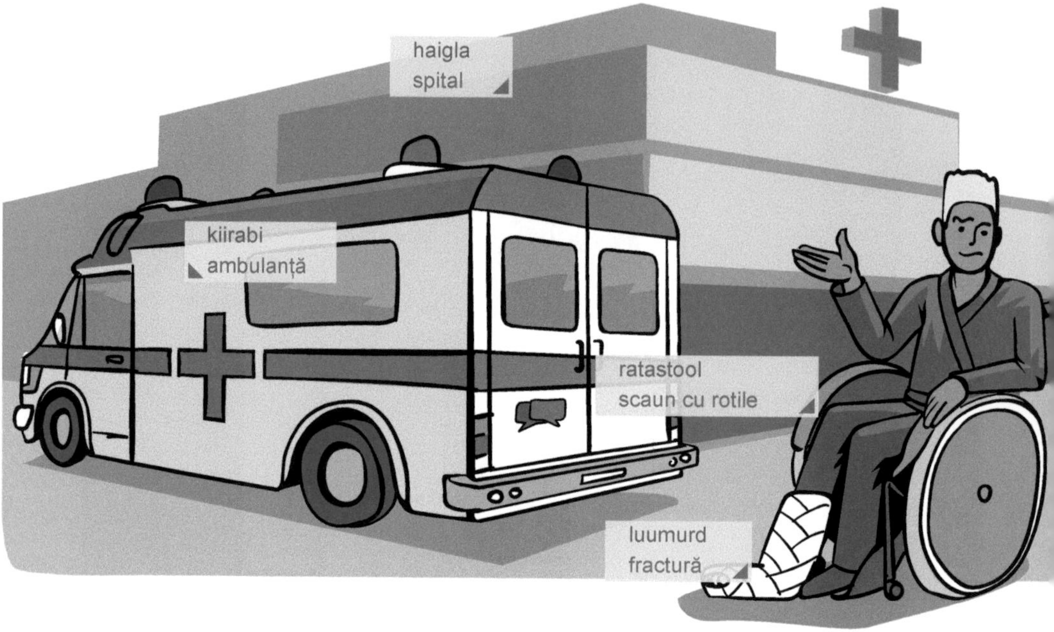

haigla
spital
kiirabi
ambulanță
ratastool
scaun cu rotile
luumurd
fractură

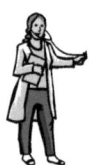

arst
medic

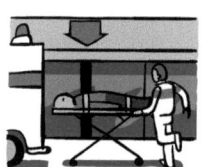

traumapunkt
unitate de primiri urgențe

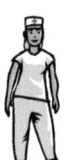

meditsiiniõde
soră medicală

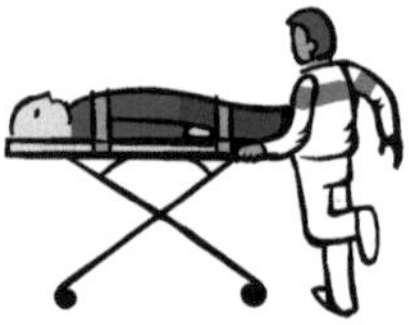

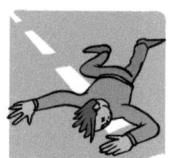

hädaolukord
urgență

teadvuseta
inconștient

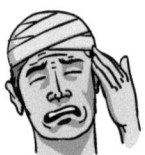

valu
durere

vigastus

leziune

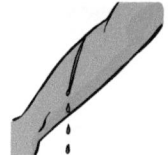

verejooks

sângerare

südamerabandus

infarct miocardic

insult

atac cerebral

allergia

alergie

köha

tuse

palavik

febră

gripp

gripă

kõhulahtisus

diaree

peavalu

durere de cap

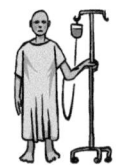

vähk

cancer

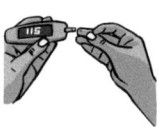

diabeet

diabet

kirurg

chirurg

skalpell

scalpel

operatsioon

operație

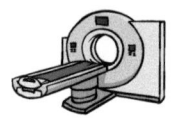

KT
CT

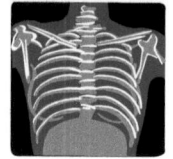

röntgen
raze Röntgen

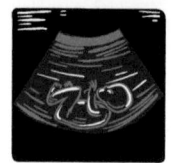

ultraheli
ultrasunet

mask
mască

haigus
boală

ooteruum
sală de așteptare

kark
cârjă

kips
plasture

side
bandaj

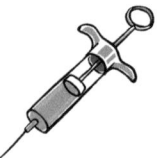

süst
injecție

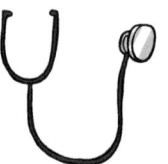

stetoskoop
stetoscop

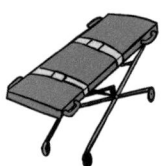

kanderaam
targă

kraadiklaas
termometru

sünd
naștere

ülekaaluline
supraponderabilitate

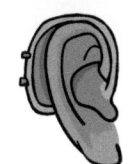

kuuldeaparaat

aparat auditiv

desinfektsioonivahend

dezinfectant

põletik

infecție

viirus

virus

HIV / AIDS

HIV/SIDA

meditsiin

medicină

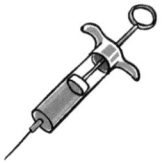

vaktsineerimine

vaccin

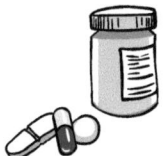

tabletid

tablete

pill

pastilă

hädaabikõne

apel de urgență

vererõhuaparaat

aparat de măsurare a
presiunii arteriale

haige / terve

bolnav/sănătos

Appi!

Ajutor!

häire

alarmă

kallaletung

agresiune

rünnak

atac

oht

pericol

avariiväljapääs

ieşire de urgenţă

Tulekahju!

Foc!

tulekustuti

extinctor

õnnetus

accident

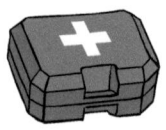

esmaabikomplekt

trusă de prim-ajutor

SOS

SOS

politsei

poliţie

Euroopa

Europa

Põhja-Ameerika

America de Nord

Lõuna-Ameerika

America de Sud

Aafrika

Africa

Aasia

Asia

Austraalia

Australia

Atlandi ookean

Altantic

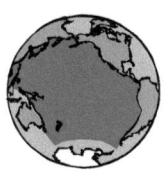

Vaikne ookean

Pacific

India ookean

Oceanul Indian

Lõuna-Jäämeri

Oceanul Antarctic

Põhja-Jäämeri

Oceanul Arctic

põhjapoolus

Polul Nord

lõunapoolus

Polul Sud

Antarktika

Antarctica

Maa

pământ

maismaa

țară

meri

mare

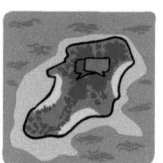

saar

insulă

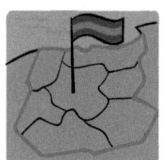

rahvus

națiune

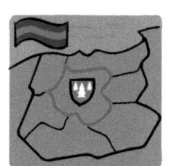

riik

stat

sihverplaat
....
cadran

tunniosuti
....
orar

minutiosuti
....
minutar

sekundiosuti
....
secundar

Mis kell on?
....
Cât e ceasul?

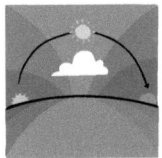

päev
....
zi

aeg
....
timp

praegu
....
acum

digitaalne kell
....
cead digital

minut
....
minut

tund
....
oră

nädal
săptămână

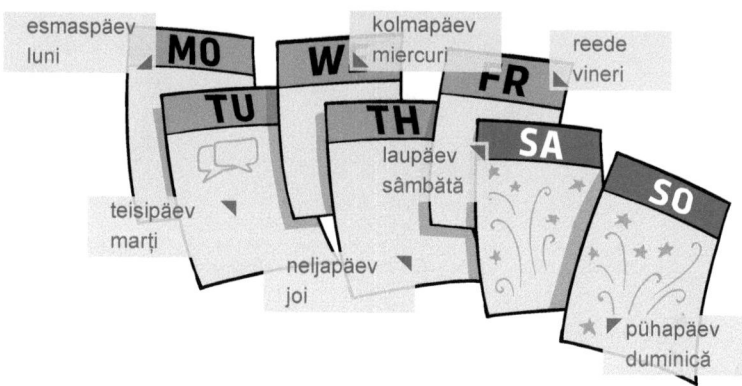

esmaspäev
luni

kolmapäev
miercuri

reede
vineri

teisipäev
marţi

laupäev
sâmbătă

neljapäev
joi

pühapäev
duminică

eile

ieri

täna

azi

homme

mâine

hommik

dimineaţă

lõuna

amiază

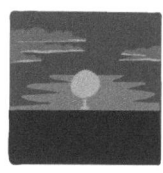

õhtu

seară

MO	TU	WE	TH	FR	SA	SU
1	2	3	4	5	6	7
8	9	10	11	12	13	14
15	16	17	18	19	20	21
22	23	24	25	26	27	28
29	30	31	1	2	3	4

tööpäevad

zile lucrătoare

MO	TU	WE	TH	FR	SA	SU
1	2	3	4	5	6	7
8	9	10	11	12	13	14
15	16	17	18	19	20	21
22	23	24	25	26	27	28
29	30	31	1	2	3	4

nädalavahetus

week-end

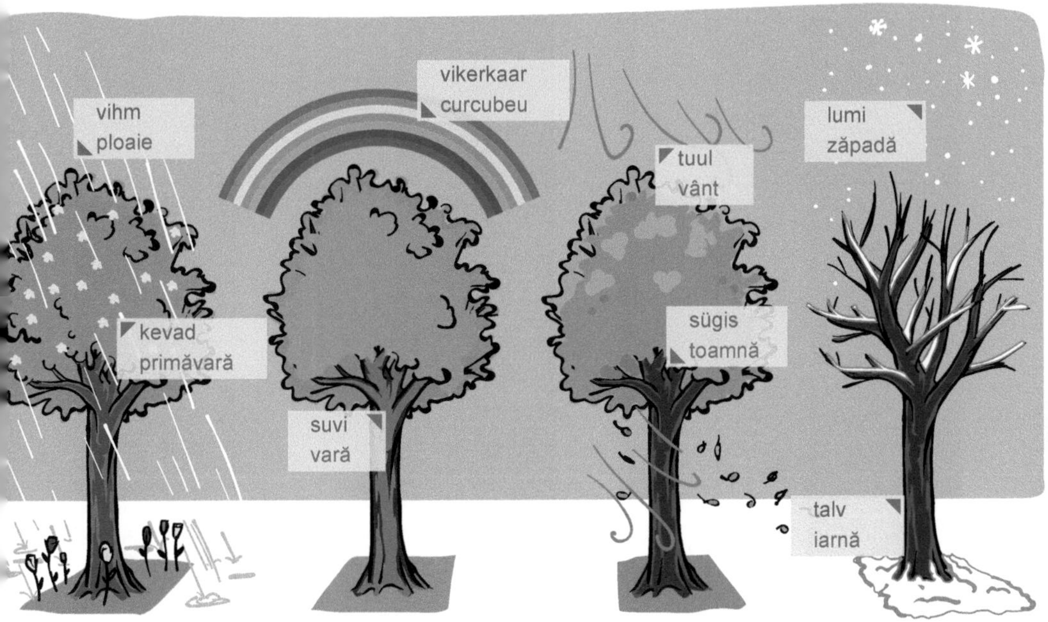

vihm
ploaie
vikerkaar
curcubeu
tuul
vânt
lumi
zăpadă
kevad
primăvară
suvi
vară
sügis
toamnă
talv
iarnă

4.APRIL 11°
5.APRIL 4°
6.APRIL 13°
7.APRIL 8°
8.APRIL 10°

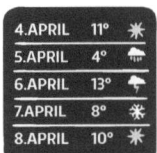

ilmaennustus

prognoză meteo

F
C
120
90
60
30
0
-30
40
30
20
10
0
-10
-20

termomeeter

termometru

päikesepaiste

lumina soarelui

pilv

nor

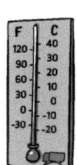

udu

ceață

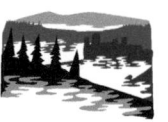

niiskus

umiditate a aerului

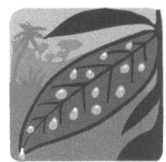

pikne

fulger

kõu

tunet

torm

furtună

rahe

grindină

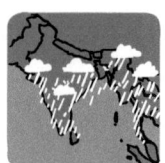

mussoon

muson

üleujutus

inundaţie

jää

gheaţă

jaanuar

ianuarie

veebruar

februarie

märts

martie

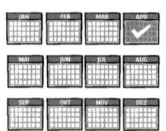

aprill

aprilie

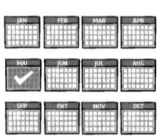

mai

mai

juuni

iunie

juuli

iulie

august

august

september
septembrie

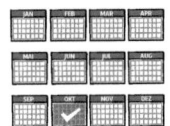

oktoober
octombrie

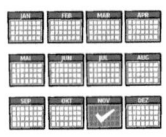

november
noiembrie

detsember
decembrie

kujundid
forme

ring
cerc

ruut
pătrat

nelinurk
dreptunghi

kolmnurk
triunghi

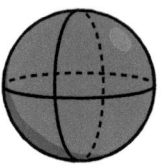

kera
sferă

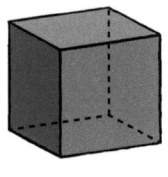

kuup
cub

valge

alb

kollane

galben

oranž

portocaliu

roosa

roz

punane

roșu

lilla

violet

sinine

albastru

roheline

verde

pruun

maro

hall

gri

must

negru

palju / vähe

mult/puţin

vihane / rahulik

furios/calm

ilus / inetu

frumos/urât

algus / lõpp

început/sfârşit

suur / väike

mare/mic

hele / tume

luminos/întunecat

vend / õde

frate/soră

puhas / must

curat/murdar

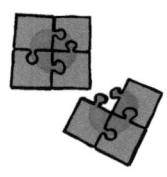

täielik / puudulik

complet/incomplet

päev / öö

zi/noapte

surnud / elus

mort/viu

lai / kitsas

lat/strâmt

söödav / mittesöödav

comestibil/necomestibil

kuri / sõbralik

rău/prietenos

põnevil / tüdinud

emoționat/plictisit

paks / peenike

gras/slab

esimene / viimane

primul/ultimul

sõber / vaenlane

prieten/inamic

täis / tühi

plin/gol

kõva / pehme

tare/moale

raske / kerge

greu/ușor

nälg / janu

foame/sete

haige / terve

bolnav/sănătos

ebaseaduslik / seaduslik

ilegal/legal

tark / rumal

inteligent/stupid

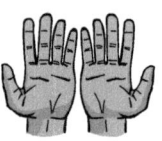

vasak / parem

stânga/drepta

lähedal / kaugel

aproape/departe

uus / kasutatud

nou/uzat

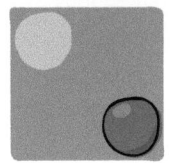

mitte midagi / midagi

nimic/ceva

vana / noor

bătrân/tânăr

sees / väljas

pornit/oprit

lahti / kinni

deschis/închis

vaikne / vali

încet/tare

rikas / vaene

bogat/sărac

õige / vale

corect/fals

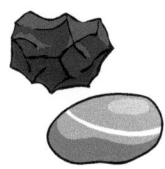

kare / sile

aspru/neted

kurb / rõõmus

trist/fericit

lühike / pikk

lung/scurt

aeglane / kiire

încet/repede

märg / kuiv

ud/uscat

soe / jahe

cald/rece

sõda / rahu

război/pace

0	**1**	**2**
null	üks	kaks
zero	unu	doi

3	**4**	**5**
kolm	neli	viis
trei	patru	cinci

6	**7**	**8**
kuus	seitse	kaheksa
șase	șapte	opt

9	**10**	**11**
üheksa	kümme	üksteist
nouă	zece	unsprezece

12

kaksteist

douăsprezece

13

kolmteist

treisprezece

14

neliteist

paisprezece

15

viisteist

cincisprezece

16

kuusteist

șaisprezece

17

seitseteist

șaptesprezece

18

kaheksateist

optsprezece

19

üheksateist

nouăsprezece

20

kakskümmend

douăzeci

100

sada

o sută

1.000

tuhat

o mie

1.000.000

miljon

un milion

numbrid - cifre

inglise

engleză

Ameerika inglise

engleză americană

mandariini

chineza mandarină

hindi

hindi

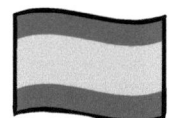

hispaania

spaniolă

prantsuse

franceză

araabia

arabă

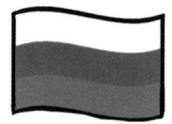

vene

rusă

portugali

protugheză

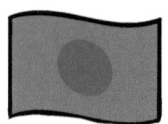

bengali

bengaleză

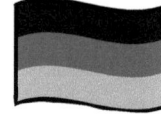

saksa

germană

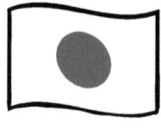

jaapani

japoneză

mina

eu

sina

tu

tema

el/ea

meie

noi

teie

voi

nemad

ea

kes?

cine?

mis?

ce?

kuidas?

cum?

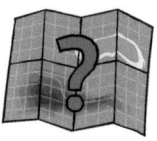

kus?

unde?

millal?

când?

nimi

nume

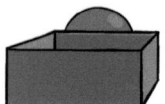

taga

în spate

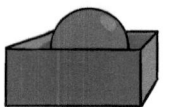

sees

în

ees

înainte

kohal

peste

peal

pe

all

sub

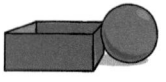

kõrval

lângă

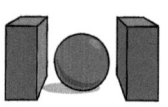

vahel

între

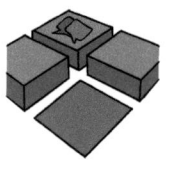

koht

loc